L'ENTRÉE

A REIMS,

DIVERTISSEMENT EN UN ACTE,

MÊLÉ DE VAUDEVILLES,

PAR MM. J.-A. JACQUELIN, COUPART ET ARM. OVERNAY;

REPRÉSENTÉ, POUR LA PREMIÈRE FOIS, A PARIS, SUR LE THÉATRE DE L'AMBIGU-COMIQUE, A L'OCCASION DU SACRE DE SA MAJESTÉ CHARLES X, A REIMS, LE 29 MAI 1825.

PARIS,

CHEZ BEZOU, LIBRAIRE,

SUCCESSEUR DE M. FAGES,

AU MAGASIN DE PIÈCES DE THÉATRE,

Boulevard St.-Martin, N°. 29, vis-à-vis la rue de Lancry.

1825.

PERSONNAGES.   ACTEURS.

ROBICHON, marchand pain d'épicier. M. *Dubourjal.*

ALEXIS, jeune sergent, son fils. . . . M. *Dubiez.*

DUMONT, vigneron, ancien militaire. M. *Vautrin.*

SUZETTE, jeune orpheline adoptée par
Dumont. . . . . Mlle. *Javureck.*

MOUTONNET, neveu et pupille de
Robichon. . . . . M. *Paul.*

BABET, laitière. . . . . Mlle. *Éléonore.*

Un caporal. . . . . M. *Joly.*

Un Anglais.   }
Un Allemand.   } personnages accessoires.
Un Italien.   }

Soldats.

Bourgeois.

Paysans.

---

*Le théâtre représente un paysage. A droite du specta-
teur, la maison de Robichon avec cette enseigne : Robichon, marchand pain d'épicier, au tendre cœur. Plus loin
du même côté et faisant face au public, la maison de Dumont avec cette enseigne : Dumont, marchand de vin.
A gauche, une rangée d'arbres qui est censée border la
route de Reims et qui continue au fond du théâtre.*

De l'Imprimerie de J.-S. CORDIER fils, rue Thévenot, N°. 8.

L'ENTRÉE A REIMS,

DIVERTISSEMENT EN UN ACTE.

SCÈNE PREMIÈRE.

MOUTONNET, *seul.*

A-t-on idée d'une foule comme ça ? sont-ils entassés les uns sur les autres, le sont-ils ?.. ce n'est pas pour dire, mais j'ai passé une jolie nuit !

Air *Du vaudeville du Passe-partout.*

> Peut-on êtr' plus mal à son aise ?
> Tant d'mond' dans un si p'tit réduit !
> Pour s'asseoir on n'a pas un' chaise,
> Pour s'coucher on n'a pas un lit.
> Privé de mon mat'las si tendre,
> Objet de mon juste regret,
> Pour sommeiller il a fallu m'étendre
> Tout d'mon long (*bis*) sur un tabouret.

Au surplus, un jour comme celui-ci, on peut ben se gèner... Mais encore faut-il vivre, et chez mon oncle Robichon, on n'a rien à mettre sous la dent... Sans c'te petite femme de pain d'épice que j'ai chippée... A-t-elle la tête dure donc !... J'crois que je me serais passé de déjeûner aujourd'hui.

(*regardant à la fenétre de Dumont*).

Suzette n'est pas encore levée... Guettons son réveil pour lui parler de ma flamme... Allons, v'là Babet à présent, mon autre inclination, elle va encore me relancer avec sa tendresse, ma promesse et ma délicatesse... Dieu de dieu ! que c'est vexant d'inspirer comme ça des passions tumultueuses et volcaniques.

SCÈNE II.

MOUTONNET, BABET.

BABET.

Air : *Voilà, voilà la petite laitière.*

Voilà, voilà la joyeuse laitière,

"

En Champagne on connaît
Babet,
Voilà, voilà la joyeuse laitière,
Qui ne met
Pas d'eau dans son lait.

Drès l'matin je pars comme un trait,
Afin d'arriver la première,
Sur ma têt' j'ai mon pot au lait,
Et j' ne r'garde pas en arrière.
Je sers chacun comme il lui plaît,
En répétant mon p'tit couplet :
Voilà, voilà la joyeuse laitière,
Qui ne met
Pas d'eau dans son lait.

Celles de Paris n'en peuvent pas dire autant.
(Elle sert une ou deux pratiques.)

UNE JEUNE FILLE.

Allons vite, car je suis pressée, faut que j'aille à la fête.

BABET.

Tiens! j'irons tout d'même. S'ra-t-elle belle c'te fête!

UN VIEUX.

Et moi Babet, sers-moi, mon enfant, et surtout fais-moi
bonne mesure, car ma femme me gronderait.

BABET.

Tenez, mon brave homme, v'là vot'affaire, bon appétit
et pas d'indigestion... Ah! c'est toi, mon p'tit Moutonnet?

MOUTONNET.

Oui, ma toute belle... Je t'attendais avec la plus vive impatience.

BABET.

Est-il aimable!... Qu'est-ce que tu manges donc là?

MOUTONNET.

Ce que je mange, toujours du pain d'épice.

BABET.

Comme c'est restaurant!

MOUTONNET.

Moi surtout qu'ai été élevé avec de la fleur de farine...
Je peux me vanter d'avoir mangé mon pain blanc le
premier.

BABET.

Faut avouer que ton oncle Robichon est un fier.....

MOUTONNET.

Un fier ladre, n'est-ce pas? Ah! c'est le mot. Il ne veut
rien perdre et il me nourrit avec les restans de magasin...
aussi ça me rend joli garçon !

Air : *Dans ma chaumière.*

De pain d'épice (*bis*).
Me nourrissant soir et matin,
Rien d'étonnant que je jaunisse ;
Regarde-moi, n'ai-j' pas un teint
De pain d'épice. (*bis*).

BABET.

Pauvre garçon ! tiens prends c'te jatte de lait, ça te fera
du bien.

MOUTONNET.

Ah ! par exemple, v'là une attention !.. j'y suis extrê-
mement sensible, aussi j'accepte sans la plus légère cérémonie.

Air : *Dormez donc mes chères amours.*

Vous refuser serait bien laid,
Pour moi quand vous versez ce lait,
C'est le vrai plaisir, oui, ce l'est.
Sa douce fraîcheur me réveille,
Le lait me convient à merveille ;
Versez donc, mes chères amours...
J'ai soif encor... versez toujours,
N'vous lassez pas, versez toujours.

BABET.

En v'là assez, si je t'écoutais, il n'en resterait plus pour
les pratiques... parlons un peu de notre amour.

MOUTONNET, *à part.*

Nous y v'là. (*Haut*). Qu'est-ce que tu veux que nous
en disions ?

BABET.

Je veux que tu me dises que tu m'aimes, que tu
m'adores.

MOUTONNET.

J'te l'ai déjà dit cent fois.

BABET.

Ça fait toujours plaisir à entendre. Je veux surtout que
tu me promettes de parler aujourd'hui même à ton tuteur,
mosieu Robichon, de la promesse écrite que tu m'as faite
de m'épouser.

MOUTONNET, *à part.*

Aie ! aie ! aie ! (*Haut*). Attends donc que je sois majeur, que diable !

BABET.

Tu dois l'être de reste.

MOUTONNET.

Puisque je te dis que je ne le serai que dans trois semaines. Alors, mon tuteur me rendra ses comptes, je pourrai jouir de ma fortune : six cents livres de revenu en luzerne, foin, avoine et autres comestibles ; au moins, je serai sûr de ne pas mourir de faim.

BABET.

Ah ! c'est que le temps me paraît ben long.

Air : ah ! que je sens d'impatience.

Je m'vois d'ici dans mon ménage
Et nos enfans, j'les vois déjà,
Nous aurons un fils qui s'ra sage.....

MOUTONNET.

Et beau garçon comm' son papa.

BABET.

Et puis j'aurons un' fille,
Qui s'ra fraîche et gentille.

MOUTONNET.

Enfin, absolument
Comm' sa maman.

BABET.

Aussi, faut voir comme on les aime !
Tous deux s'ront égal'ment chéris,
J'entends d'jà leurs cris,
J'vois leurs doux souris,
Je n' sais où j'en suis,
J'en pleure et j'en ris,
J'en pleur' j'en ris.   (*bis*)

Et puisque je serons cossus, j'leur donnerons une fameuse éducation.

MOUTONNET.

C'est ça !.. et alors, charmante laitière, tu pourras dire adieu à ton lait, car tu auras,

La crême   (*bis*)
Des maris !

En attendant, il ne faut parler de rien à mon oncle,

aujourd'hui surtout , car il en a par dessus la tête. Comme il tient à bail la maison qu'il habite , et qu'il n'est pas homme à laisser échapper une occasion de gagner de l'argent , il a loué nos chambres et même sa boutique à une foule de personnes qui sont venues à Reims pour voir le sacre de notre bon Roi, et tu sais qu'il ne manque pas de monde.

BABET.

Dam' ! c'est si naturel !

Air : Le feu qui brûle mon visage.

De c't auguste cérémonie
Chacun voudrait être temoin ,
Sans peine à Reims, on sacrifie
Beaucoup d'or pour un petit coin.
Ceux qui n'ont pu fair' le voyage
Voudraient ben s'y trouver aussi,
Et de tous les français ; je gage ,
Les cœurs sont rassemblés ici.

SCÈNE III.

Les Précédens , ROBICHON.

ROBICHON , à la lucarne du pigeonnier.

Encore avec cette petite laitière ! Moutonnet!.. Moutonnet!..

MOUTONNET , à part.

Allons , à l'autre à présent. (Haut). Plaît-il , mon oncle ?

ROBICHON.

Eh bien ! mon drôle, qu'est-ce que vous faites là ? est-ce que vous ne devriez pas être déjà parti pour acheter nos provisions ?... et nos locataires , de quoi vivront-ils ?

MOUTONNET, à mi-voix.

De quoi que je vis , moi ?

ROBICHON.

Hein ?

MOUTONNET.

J'ai rien dit.

ROBICHON.

Raisonneur !

MOUTONNET.

Puisque je vous dis que j'ai rien dit. (*A part*). Oh ! mes six cents francs, mes six cents francs, que ne vous tiens-je !

ROBICHON.

Allons, rentrez, que je vous donne mes instructions... monterez-vous, quand je vous appelle ?

MOUTONNET.

Je monte... mais bientôt je ne descendrai plus jusqu'à faire des commissions... et si je ne me retenais !....

ROBICHON.

Eh bien ?

MOUTONNET.

Voilà ! voilà ! voilà !

SCÈNE IV.

BABET, *seule.*

Le vilain homme ! Il faudra pourtant un jour que je l'appelle mon oncle... ça m'écorchera la langue. Je ne sais pas, mais Moutonnet est ben long à se décider, est-ce qu'il voudrait me faire des traits ?.. Oh non !

Air : *Du Concert à la cour.*

Moutonnet
Ne saurait
Être infidèle,
Son amour
Chaque jour
Augmentera,
Ah ! ah ! ah ! ah ! ah ! ah ! ah !
Pour not' mariage oh ! comm' j' s'rai belle !
J'veux d'la perkal', d'la soie et d'la dentelle,
Ah ! ah ! ah ! ah ! ah ! ah ! ah !

Après ça ;
Il faudra
Qu' dans not' ménage,
Mon époux
File doux,
Car sans cela,
Ah ! ah ! ah ! ah ! ah ! ah ! ah !
De temps en temps nous aurions du tapage
Et s'i' m' trompait, quoique j'soyons ben sage,
Ah ! ah ! ah ! ah ! ah ! ah ah !

SCÈNE V.

La Même, ROBICHON, *suivi de* MOUTONNET. (*Ce dernier porte un panier à chaque bras.*)

ROBICHON.

Tu m'as entendu, n'oublie rien, et reviens bien vite.

MOUTONNET.

Je n'sais pas comment je pourrai porter tout ça ; je vas être chargé comme un baudet, et j'aurai l'air d'un âne à deux paniers. (*Il sort.*)

ROBICHON.

Dis-moi, Babet, te reste-t-il beaucoup de lait, mon enfant ?

BABET.

Plus que vous ne m'en achèterez, allez.

ROBICHON.

C'est ce qui te trompe, car je prends tout.

BABET.

Tiens ! c'te farce ! ah ! j'vois ce que c'est : c'est une espéculation que vous ruminez sur tout ce monde que vous avez fouré dans vot' mazure.

ROBICHON.

Si ça vous était égal de ménager vos expressions, Babet.

BABET.

Tiens ! j'ai pas besoin de les ménager ; j'en ai à revendre. — Il paraît qu'il y a foule chez vous.

ROBICHON.

C'est à dire que c'est à ne pas s'y reconnaître. Enfin, c'est au point que j'ai passé la nuit dans mon colombier.

BABET.

Vous pouviez roucouler tout à vot' aise.

ROBICHON.

Et que si ça continue, je me verrai forcé de coucher dans la rue, ou dans ma cave, la seule pièce de ma maison que je n'aye pas louée, et pour cause.

UN ANGLAIS, *à la fenêtre.*

Messié Robichon ! je voudrais avoir du porter.

UN ALLEMAND, *à une autre fenêtre.*

Men err Ropichon, faites servir à moi ti fin ti cri.

L'entrée à Reims.   2

UN ITALIEN, *de même.*

Monsu Robichoué, du macaroni!

ROBICHON, *à part.*

Et ce diable de Moutonnet qui ne m'apporte rien! (*Haut.*) Messieurs, on va vous servir; mais pour le moment je ne puis vous offrir que du lait; rien n'est plus rafraîchissant, rien n'est meilleur pour la santé.

L'ANGLAIS, *fermant sa fenêtre avec humeur.*

Goddem!

L'ALLEMAND, *de même.*

Tarteff!

L'ITALIEN, *de même.*

Per dio baccho!

ROBICHON.

Goddem et tarteff, ça veut dire, sans doute, qu'ils acceptent, tant mieux. Ah ça, à propos, mademoiselle Babet, j'ai à vous parler : mon neveu Moutonnet se dérange.

BABET.

Eh bien! remettez-le à sa place.

ROBICHON.

Mais c'est que justement il n'y tient pas en place, et je vous soupçonne de n'être pas étrangère à tout cela.

BABET.

Quad cela serait, quel mal qu'il y aurait?

ROBICHON.

D'abord, celui de me déplaire.

BABET.

Avec le temps, vous vous y ferez.

ROBICHON.

C'est qu'au contraire je ne m'y ferai pas du tout, et il est temps que cela finisse.

BABET.

Attendez donc que ça ait commencé.

ROBICHON.

Commencé, quoi?

BABET.

Pardi! mon mariage avec mon petit Moutonnet; avec moi y s'ra doux comme un agneau.

ROBICHON.

Ah! Mademoiselle plaisante!

BABET.

Un jour que tout le monde rit, je ne pleurerai pas.

ROBICHON.

C'est pourtant ce qui pourra vous arriver, si vous ne renoncez pas à mon neveu.

BABET.

On ne renonce pas comme ça à ce qu'on aime. Il faut que Moutonnet s'explique lui-même là dessus : il ne voudrait plus de moi que je voudrais p't'être encore de lui.

ROBICHON.

Par toute mon autorité d'oncle et de tuteur, je lui défends de vous voir davantage, et par conséquent de vous parler.

BABET.

S'il ne veut pas parler, j'saurai faire valoir certaine promesse qu'il m'a faite.

ROBICHON.

Un papier, autant en emporte le vent !

BABET.

C'est ce que nous verrons. C'te promesse-là, c'est ma patente à moi, et malgré vous, nous nous marierons.

ROBICHON.

Air : *Du château de mon oncle.*

Peut-on se conduire ainsi ?
C'est trop insolent aussi !
Que veut dire ceci,
Quel est le ton que voici ?
Mais je vous préviens que si
Bientôt il n'est radouci,
Dès demain, dieu merci,
Vous décamperez d'ici !

BABET.

Mais qu'est-c' qui vous fâche ?
Voyez c'te ganache.

ROBICHON.

Ganache ! ah ! c'est trop fort !

BABET.

Vous direz p't'êt' que j'ai tort ?
Quel air agréable !

ROBICHON.

Je me donne au diable !

BABET.

Ce n'est pas, mon agneau,
Faire au diable un beau
Cadeau.

Ensemble. {

Puisque vous criez ainsi,
Moi je vais crier aussi :
Que veut dire ceci ?
Quel est le ton que voici ?
Soyez bien certain que si
Vous n'ét' bientôt radouci,
Dès demain, dieu merci,
Je r'viendrai crier ici.

ROBICHON.

Peut-on se conduire ainsi ?
C'est trop insolent aussi !
Que veut dire ceci,
Quel est le ton que voici ?
Mais je vous préviens que si
Bientôt il n'est radouci,
Dès demain, dieu merci,
Vous décamperez d'ici.

(Babet sort.)

SCÈNE VI.

ROBICHON, DUMONT.

DUMONT.

Eh bien ! voisin, pourquoi donc tout ce tapage ?

ROBICHON.

Ne m'en parlez pas ; c'est cette petite Babet qui prétend épouser mon neveu.

DUMONT.

Si ces enfans s'aiment, pourquoi ne pas les marier ?

ROBICHON.

Pourquoi ? pourquoi ! vous en parlez bien à votre aise. Parce que Babet ne convient point à Moutonnet... qui peut aspirer à un meilleur parti... d'ailleurs il est trop jeune.

DUMONT.

Cependant Aléxis, votre fils, et Suzette, cette orpheline que j'ai adoptée, que j'aime comme si elle était ma fille, sont plus jeunes encore, et nous allons les unir à l'occasion du Sacre, vous l'avez promis.

ROBICHON.

Ah bien oui! vous ne savez donc pas ce qui arrive?
Alexis ne veut plus de Suzette, j'en ai reçu la nouvelle ce
matin. Il a fait une passion à Paris; cela n'est pas étonnant.

Air : *Mais tu seras mes dernières amours.*

Inspirant de nouvelles flammes
Les militaires, bons grivois,
Sont très-recherchés par les femmes
Et n'ont que l'embarras du choix.
Ne trouvant jamais de rebelles
Tous nos guerriers ont un pouvoir vainqueur,
En amour ils sont infidèles....

DUMONT.

Oui, mais ils sont fidèles à l'honneur,
En amour s'ils sont infidèles,
Ils sont fidèles à l'honneur.

Ce que vous m'apprenez me surprend et m'afflige. Mais
êtes-vous bien sûr ?..

ROBICHON.

Non seulement j'en suis sûr, mais j'en suis certain.

DUMONT.

Alexis paraissait si vivement épris de Suzette!

ROBICHON.

Il aura réfléchi que cette pauvre orpheline, quoique
devenue votre fille adoptive, n'a pas de dot.

DUMONT.

Mais elle a de l'ordre, elle est laborieuse, et cela fera
une excellente ménagère.

ROBICHON.

Oui, mais elle n'a pas de dot.

DUMONT.

Vous tenez furieusement à l'argent, mon voisin, aussi
avez-vous profité de la circonstance, en louant fort cher
votre maison, du haut en bas.

ROBICHON.

Cela me donne bien de l'embarras, allez.

Air : *Je loge au quatrième étage.*

De curieux de toute espèce
Lorsque j'ai rempli ma maison,
Je vois dans ma vive allégresse
Arriver l'argent à foison.

Lorsque chez moi la foule abonde,
J'suis forcé de déménager,
Et quand je loge tout le monde,
Je ne sais plus où me loger.

Aussi, j'ai compté sur vous, mon voisin, pour me donner un petit coin dans votre maison.

DUMONT.

Vous voulez plaisanter.

ROBICHON.

Il me semble que coucher à la belle étoile n'a rien de plaisant.

DUMONT.

C'est pour cela que ma maisonnette, ma grange, mon cellier, sont destinés à recevoir les braves serviteurs du Roi, et grâtis, par dessus le marché.

ROBICHON, *à part.*

Grâtis ! ce mot-là me fait mal.

DUMONT.

Quand on aime le père, on aime les enfans ; c'est bien le moins que je puisse faire pour ceux de Charles X.

Air : *Ah ! que de chagrin dans la vie.* (Lantara)

Continuant un règne auguste
Fier de l'amour de ses sujets,
Notre monarque est bon et juste,
Galant, humain, c'est un roi tout français.   (*bis*)
Ah ! parmi nous il n'est personne
Qui ne répète avec raison :
Lorsqu'en nos murs on bénit sa couronne,
Partout, partout il fait bénir son nom.

Mais voilà Suzette, demandez-lui si elle ne pense pas comme moi là dessus.

SCÈNE VII.

Les Précédens, SUZETTE.

SUZETTE, *qui court embrasser Dumont.*

Je ne sais pas ce dont il s'agit ; mais c'est égal, je suis sûre que vous avez raison.

DUMONT.

Voilà ce qu'on appelle une fille docile ! mais tu ne croiras peut-être pas aussi facilement ce que vient de me dire le voisin. Il prétend, ma Suzette, qu'une belle dame de Paris a surpris le cœur de ton Alexis. Hein! qu'en dis-tu?

SUZETTE.

J'dis que ça n'est pas possible.

ROBICHON.

Comment?

SUZETTE.

Il m'a promis de m'aimer toujours, ainsi...

ROBICHON.

Bon! des sermens d'amour! ça n'engage à rien, ma petite. Vous me croirez si vous voulez; mais il m'a écrit pour obtenir mon consentement, et il ne serait pas fâché de vous trouver mariée vous-même quand il reviendra au pays.

SUZETTE.

Et vous avez sa lettre?

ROBICHON, *hésitant.*

Sans doute.

SUZETTE.

Montrez-la moi.

ROBICHON, *à part.*

Ah diable. (*Haut*). Volontiers... où l'ai-je donc fourrée, cette maudite lettre?

SUZETTE, *à Dumont.*

J'étais bien sûre qu'il ne la trouverait pas.

ROBICHON.

Ah! je vois ce que c'est. J'aurai enveloppé avec, un croquet que j'ai vendu hier au soir... Mais il me semble que lorsque j'affirme, vous devez commencer à douter un peu des beaux sermens qu'on vous a faits.

SUZETTE.

Air : *Ce que j'éprouve en vous voyant.*

En douter, monsieur, eh! pourquoi?
Il faut toujours, m'a dit mon père,
Pour être heureux sur cette terre,
Juger les autres d'après soi;
D'obéir je m'suis fait la loi.
Vainement un' ruse cruelle
Essay'rait d'troubler mon bonheur,
Car j'ai là mon consolateur :
Alexis est toujours fidèle,
Si j'en juge d'après mon cœur.

ROBICHON.

Comment ! petite incrédule ?

DUMONT.

Ma foi ! je crois qu'elle a raison, père Robichon, au surplus, il faudra voir, et dans tous les cas, je compte sur la raison de Suzette... Ah ! ah ! v'là du monde qui nous arrive...

SCÈNE VIII.

Les Précédens, un CAPORAL, Soldats, MOUTONNET, *marchant au pas derrière eux.*

CHOEUR DE SOLDATS.

Air : *Tra la la.*

En avant ! en avant !
En courage, en sentiment,
En avant ! en avant !
C'est l'refrain du régiment.

LE CAPORAL.

Faut-il enl'ver un bastion ?
Faut-il séduire un tendron,
Faut-il passer un ravin,
Faut-il sabler du bon vin ?

TOUS.

En avant ! en avant !

SUZETTE, *avec joie.*

C'est le régiment d'Alexis ! (*Tristement.*) Il n'y est pas.

LE CAPORAL.

Alexis, Mademoiselle ? il va venir, c'est lui qui commande notre peloton chargé de former la haie pour le passage de Sa Majesté.

ROBICHON, *à part.*

Ah diable ! mon fils va démentir tout ce que j'ai dit.

DUMONT, *à Suzette.*

Si pourtant le récit du voisin était fidèle, songe à ne pas lui faire trop bonne mine.

ROBICHON.

Eh bien ! Moutonnet, qu'est-ce que tu m'apportes ?

MOUTONNET.

Je n'ai pas eu besoin de charrette et de cheval pour amener mes provisions.

ROBICHON.

En quoi consitent - elles donc ?

MOUTONNET.

Mais... en rien , mon oncle, par la raison que je n'ai rien trouvé.

ROBICHON.

Comment ! tu n'as rien trouvé ?

MOUTONNET.

Tout a été enlevé dès le matin ; et à l'heure qu'il est, vous ne trouveriez pas tant seulement un œuf de disponible dans tous les environs.

ROBICHON.

Ah mon dieu ! et mon Anglais et mon Allemand qui sont affamés ; qu'est-ce que j'en ferai ? Ils vont encore me demander du bifteck et de la choucroute, et je leur donnerai, quoi ?

MOUTONNET.

Ce qu'il y a de certain c'est que ce que vous leur servirez ne leur figera pas sur le cœur.

ROBICHON.

Plaisante encore, misérable!

LE CAPORAL.

Comment ! vous n'avez rien à nous donner ?... en payant, bien entendu.

ROBICHON.

Camarades, voulez-vous du lait ? il m'en reste encore, mais je vous préviens que vous le paierez cher.

TOUS , *riant.*

Du lait !

MOUTONNET , *à part.*

Il est joli, mon oncle, avec son lait.

DUMONT.

Non , mes enfans, c'est du vin que vous boirez... et vous ne le payerez pas.

LE CAPORAL.

Monsieur...

DUMONT.

C'est au nom du Roi, que je vous prie de l'accepter.
Je suis votre ancien à tous, moi. (*à la cantonnade.*) Pierre,
Thomas, apportez ici des bouteilles et des verres.

LE CAPORAL.

Monsieur, comment reconnaître ?...

DUMONT.

Point de remerciemens et buvons !

LE CAPORAL.

J'accepte donc pour mes camarades et pour moi.

MOUTONNET, *prenant un verre.*

Nous acceptons.

ROBICHON.

Comment, Moutonnet, tu vas boire avec eux ?

MOUTONNET.

Non, j'aurai peur... vous allez voir. J'suis pas fier, moi.

DUMONT.

Air : *Du Solitaire.* (Belphégor).

Amis, trinquez tous avec moi,
Célébrons ce jour d'espérance,
Buvons au bonheur de la France,
Et portons la santé du Roi.

TOUS.

Amis, etc.

(*On remplit les verres*).

DUMONT.

Profitant de la circonstance,
Au poids d'l'or qu'un autr' veud' son bien,
Pour leur prouver ma reconnaissance,
A nos soldats je l'donn' pour rien.

CHŒUR.

Amis, trinquez, etc.

DUMONT.

Aux droits qu'lui donne la puissance,
Un plus doux s'unit en ce jour,
Charle est not' Roi par sa naissance,
Il l'est aussi par not' amour.

(*Ils trinquent*).

CHŒUR.

Amis, trinquez tous avec moi,
Célébrons ce jour d'espérance,

Buvons au bonheur de la France,
Et portons la santé du Roi :
A la santé du Roi !

(Ils boivent tous.).

SCÈNE IX.

Les Mêmes, ALEXIS.

ALEXIS.

Mon père ! (*Il se jette dans ses bras.*) Monsieur Dumont !... Suzette !

(*Cette dernière reçoit très-froidement Alexis, et refuse de se laisser embrasser.*)

DUMONT, *aux soldats.*

Entrez tous chez moi, braves gens... vous avez sans doute besoin de repos. Suis-moi, ma fille.

(*Ils entrent chez Dumont. Suzette les suit d'un air triste et boudeur.*)

(*Plusieurs voix dans la maison de Robichon.*)
Monsieur Robichon ! monsieur Robichon ! du vin, du porter !... du bifteck, de la choucroute ! du macoroni ?

ROBICHON.

Là, qu'est-ce que j'avais dit ?... on y va !... on y va !... que leur donner, que leur dire ? si je n'en perds pas la tête, je serai bien heureux. (*Les cris recommencent.*) On y va ! on y va !   (*Il entre chez lui.*)

SCÈNE X.

ALEXIS, MOUTONNET.

ALEXIS.

Je ne reviens pas de l'accueil de Suzette. A quoi dois-je attribuer cette froideur ?... est-ce que son amour aurait déserté avec armes et bagages.

MOUTONNET.

Ma foi ! cousin, ça se pourrait bien et je te conseille de ne pas faire courir après lui, car comme déserteur, il faudrait le livrer à toute la rigueur des lois militaires.... comprends-tu la métaphore. (*Il rit.*)

ALEXIS.

Ce ne serait pas la première fois que l'amour perdrait
la tête.

MOUTONNET.

Sans compter qu'il l'a fait perdre à bien d'autres. Tu le
vois, je continue la métaphore. Pour mon compte, je con-
nais des particulières, qui raffolent d'un particulier... et
ce particulier... c'est moi, mon cousin.

ALEXIS.

Allons donc !

MOUTONNET.

Il n'y a pas d'allons donc... Est-ce que tu supposes,
parce qu'on n'a pas de moustaches et de bonnet à poil,
qu'on n'est pas capable d'allumer une flamme ardente et
conséquente.

Air : *De Dorilas.*

Je sais bien que pour plaire aux femmes,
Rien n'est tel qu'un vaillant soldat;
Et que rien ne séduit ces dames
Comme le récit d'un combat,
Quand on en sort avec éclat.
Mais moi si j'n'ai pas fait la guerre,
J'ai, pour conquérir leurs appas,
Des grâces comme on n'en a guère,
De l'esprit comme on n'en a pas.

Et puis, peut-être bien qu'elle espérait te revoir avec
l'épaulette, au lieu du galon de sergent.

ALEXIS.

Crois-tu donc que l'on puisse donner de l'avancement
à tous ceux qui méritent d'en avoir ?

Air : *du vaudeville du soldat et le perruquier.*

Quelque soit sa taille ou son âge,
Cherchant les actions d'éclat,
Chaque soldat a du courage,
Il le prouve au jour du combat.
A la voix de la renommée,
Si l'on payait tous les lauriers,
C'est alors que toute l'armée
Se composerait d'officiers.

MOUTONNET.

Ça ferait un bel état-major.

ALEXIS.

D'ailleurs Suzette m'aimait lorsque j'étais simple soldat

et elle ne peut avoir renoncé à son amour, maintenant que je suis sergent.

MOUTONNET.

Eh bien! c'est ce qui te trompe, cousin, apprends de moi qu'elle a une autre inclination.

ALEXIS.

Suzette infidèle!.. c'est impossible!

MOUTONNET.

On en voit beaucoup cette année. Elle n'en conviendra pas avec toi, comme tu penses bien, parce que les femmes sont dissimulées... toi qui arrives de Paris, tu dois savoir ça mieux qu'un autre.

ALEXIS.

Mais enfin qui aime-t-elle, serait-ce toi, par hasard?

MOUTONNET.

Tiens, par hasard!.. il n'y a pas d'hasard là dedans... eh bien oui! je te le dis en confidence, parce que t'es mon cousin et mon ami... c'est moi qu'elle aime à présent.

ALEXIS.

Tu la calomnies, elle a trop bon goût.

MOUTONNET.

Ah ça mais, monsieur le parisien, crois-tu donc parce qu'on est champenois, qu'on n'a pas les moyens de plaire à la beauté.

Air : *des jolis soldats.* (d'Odry.)

Certain proverbe qui me vexe
Nous accus'de manquer d'esprit,
Ça n'empêche pas qu'près du beau sexe
Un champenois est en crédit,
Et comme un autre réussit.
Ainsi que son vin il pétille,
Par les mêm'qualités il brille,
Aimant son pays et ses Rois,
Il est franc, valeureux, grivois,
Voilà (4 *fois.*) le champenois!

ALEXIS.

J'aperçois Suzette! éloignons Moutonnet et sachons d'elle la vérité. Moutonnet, mon père t'appelle.

MOUTONNET.

Non, il ne m'appelle pas.

ALEXIS.

Je te dis que si.

MOUTONNET.

Je te dis que non.

ALEXIS.

Tu n'as donc pas d'oreilles.

MOUTONNET.

Ah! ça, ne m'insulte pas, cousin; tu vois que j'en ai,
et de fières encore.

ALEXIS, *à la cantonade.*

Il y va mon père. — tu vois bien.

MOUTONNET.

J'vois bien, mais je n'entends pas.

ALEXIS, *le poussant par les épaules.*

Tu seras grondé, va donc.

MOUTONNET, *se retournant en sortant.*

Tu vois bien que je vas.

SCÈNE XI.

ALEXIS, SUZETTE.

ALEXIS, *à part.*

Tâchons de nous contraindre.

SUZETTE.

Ah! te voilà, Alexis, je te cherchais.

ALEXIS.

Moi, mademoiselle! vous vous êtes donc enfin apperçue
de ma présence?

SUZETTE.

Tu me boudes?.. oh! je vois ce que c'est, l'accueil un
peu froid que je t'ai fait, t'a fâché. Je t'en demande par-
don.

ALEXIS.

A moi! je n'ai plus aucun droit de me plaindre; si vous
m'aimiez encore, votre conduite aurait droit de me sur-
prendre, mais quand un autre a votre cœur, j'aurais tort
d'être exigeant, et je me tais.

SUZETTE.

Quand un autre a mon cœur! qu'est-ce que cela signi-
fie? voudriez-vous me supposer des torts pour couvrir les
vôtres?

ALEXIS.

Mes torts!

SUZETTE.

Oui, monsieur, votre père nous a tout dit, et je n'avais voulu rien croire, mais puisque vous me cherchez querelle, c'est que vous voulez éviter mes reproches et je vois trop bien que vous êtes coupable.

ALEXIS.

C'est cela, cherchez à me faire prendre le change, je sais tout.

SUZETTE.

Et moi aussi.

ALEXIS.

Un imbécille!

SUZETTE.

Une coquette!

ALEXIS.

Air : *Disposez Monsieur Sans-Gêne.*

De celui qui sait vous plaire
Quel cœur ne serait épris.

SUZETTE.

Retournez à Paris
Près de celle qui vous est chère.

ALEXIS.

Celui que l'on me préfère
Est des plus beaux, des mieux faits.

SUZETTE.

Votre dame, a, j'espère,
Beaucoup d'attraits.

Ensemble. {

Je n'ai point de regrets.
(*A part.*)
Surtout cachons-lui ma colère.
(*Haut.*)
Oui, mon cœur est en paix...
Je ne vous reverrai jamais.

ALEXIS.

Je n'ai point de regrets.
(*A part.*)
Surtout cachons-lui ma colère.
(*Haut.*)
Oui, mon cœur est en paix
Je ne vous reverrai jamais.

SCÈNE XII.

Les Précédens ; BABET, *parée*.

BABET, *regardant dans la coulisse.*

C'est si beau ! c'est si beau !... des guirlandes ! des couronnes ! des arches de triomphe !.. Ah ! j'espère que me voilà joliment requinquée. Eh mais, Dieu me pardonne, c'est M. Alexis ? embrassez-moi donc, j'aime les braves militaires, moi.

ALEXIS, *l'embrassant.*

Toutes les femmes ne pensent pas comme vous, ici.

BABET.

Tant pis pour elles, parce qu'un uniforme ça fait toujours honneur au sexe ; mais vous devez être joliment contens de vous revoir, tout d'même ?

SUZETTE.

Ah ! ma pauvre Babet, si tu savais comme il m'a traitée !

ALEXIS.

Si tu savais comme je suis trahi !

BABET.

Ah ! ah ! on se dispute. Jolie manière d'employer une première entrevue, après une longue absence. Allons, allons, il faut que je vous raccommode.

SUZETTE.

Nous raccommoder, ah bien oui !

ALEXIS.

Tout est rompu entre nous à jamais.

BABET.

Mais enfin, de quoi s'agit-il ?

SUZETTE.

Il aime une grande dame de Paris.

BABET.

Qui vous a fait un pareil récit ?

SUZETTE.

Votre père.

ALEXIS.

Et vous avez pu y ajouter foi !

SUZETTE.

Je ne l'ai cru que lorsque vous m'avez accusée.

BABET.

Et de quoi ?

ALEXIS.

De m'avoir oublié, et d'en aimer un autre.

SUZETTE.

Et qui a pu vous dire cela ?

ALEXIS.

Votre nouvel amant lui-même... Moutonnet.

BABET.

Moutonnet !

SUZETTE.

Et vous l'avez pu croire !

ALEXIS.

Cela n'est donc pas vrai ?

BABET.

C'est fini. Allez mes enfans, embrassez-vous, ce n'est
pas vous qui êtes trompés, c'est moi qui suis attrapée.

ALEXIS.

Chère Suzette !

SUZETTE.

Cher Alexis !

ALEXIS.

Air : *de Lulli et de Quinault.*

Oublions un soupçon funeste.
Et livrons nos cœurs à l'espoir.

SUZETTE.

Cher Alexis il ne me reste
Que le plaisir de te revoir.

ENSEMBLE.

Près de toi rien ne m'inquiète. (*bis.*)
Plus de chagrins, plus de soucis. (*bis.*)

ALEXIS.

Auprès de Suzette.

SUZETTE.

Auprès d'Alexis.

BABET.

Bon ! voilà le rapatriage tout-à-fait bâclé ; pour mon

(26)

compte, j'n'en suis pas fâchée, Moutonnet me revient tout naturellement, et mon mariage suit le vôtre.

ALEXIS.

Il n'y a plus qu'une difficulté ; c'est le consentement de mon père ; il ne le donnera jamais tant que Suzette n'aura pas une dot, car ce bon M. Dumont n'a pas les moyens de la lui donner.

BABET.

Une dot ! attendez donc ; il me vient une idée : Suzette n'est-elle pas fille d'un brave militaire mort au champ d'honneur ? c'est un titre aux yeux de Charles X ; il n'a rien à refuser un jour comme celui-ci ; qu'elle s'adresse à ce bon Roi, et son affaire est faite.

ALEXIS.

Ton idée est excellente. (*On entend le canon*). Voilà le signal du passage du cortège.

(*Les soldats sortent de chez Dumont, se mettent en rang ; Alexis les fait mettre sous les armes : tableau d'exercice. Ils font la haie, faisant face à la coulisse, où le cortège est censé passer. Tous les villageois arrivent, l'Italien, l'Anglais et l'Allemand se mettent à leurs croisées).*

SCÈNE XIII.

Les Précédens, Soldats, Villageois et Villageoises, l'Italien, l'Anglais, l'Allemand, Peuple.

CHOEUR.

Air : *de la ronde du bouquet du Roi.*

Pour not'pays quel beau jour !
Dans not'province,
Un bon Prince,
Vient recueillir tour à tour
Nos fleurs, nos vœux, not'amour.

SUZETTE.

Semons les lis et les roses
Sur les pas de c'Roi chéri,
Aujourd'hui qu'il donn' tant d'choses
Me donn'ra-t-il un mari ?

Reprise.

Pour not'pays etc.

ALEXIS.

Oui, mes amis, il recevra vos hommages avec plaisir;
entourez-le et ne craignez pas d'approcher de son cœur;
il l'a dit lui-même c'est la place de tous les Français.

Air : *Oui, des beaux-arts je suis admirateur.* (de Garrick.)

> Notre Monarque en ce jour solemnel,
> Qui voit consacrer sa couronne,
> Va répéter aux pieds de l'éternel
> Ce qu'il promit en montant sur le trône,
> Puissent au ciel ses vœux avoir accès,
> Il priera, j'en ai l'assurance,
> Pour notre gloire et nos succès,
> L'union de tous les Français,
> Et pour le bonheur de la France.

(*On bat aux champs.*)

BABET.

V'là le Roi qui va passer, mosieu Alexis, vite, vite,
à vot'poste.

ALEXIS.

Viens, ma chère Suzette, et ne tremble pas comme cela,
la présence d'un si bon Prince ne doit inspirer que le
plaisir.

(*Il entraîne Suzette avec lui ; c'est alors que les
groupes se forment avec rapidité ; les uns montent sur des
chaises, des traiteaux ; d'autres sur des arbres et les toits
des maisons. Le reste de la scène est encombré de specta-
teurs avides de voir passer le Roi. On agite les chapeaux
en l'air et on crie : vive le bien aimé! vive le roi! vive
Charles X !... Tableau animé.*)

CHOEUR.

Air : *du chœur de Robin des bois.*

> Déjà du tambour
> Le signal nous appelle,
> Courons avec zèle,
> Ah ! quel beau jour !
> Que not'bon monarque,
> Partout aujourd'hui,
> Puiss'trouver un'marque
> D'not'amour pour lui.
> En père il s'avance,
> Avec bienveillance,
> J'en ai l'assurance,
> Il nous sourira.

(Musique du cortège dans la coulisse).
Tra la, là, la, la.

ROBICHON, *cherchant à passer devant quelqu'un.*

Monsieur, voulez-vous bien me laisser passer, s'il vous plait ?

UN BOURGEOIS.

Allez plus loin. Quand il s'agit de voir le Roi, je ne cède ma place à personne.

MOUTONNET, *sur un arbre.*

Mon oncle, venez à côté de moi ; il y a place pour deux. On est ici aux oiseaux.

BABET, *montée sur une chaise.*

Dieu ! qu'c'est beau ! j'vois le Roi !

MOUTONNET.

Moi aussi !

ROBICHON.

Et moi je ne vois rien.

MOUTONNET.

Ah ! ça mais dieu me pardonne, j'crois qu'mon cousin Alexis lui parle.

ROBICHON.

Mon fils !

BABET.

Et le Roi lui répond en souriant encore.

ROBICHON.

Et je ne suis pas là. (*A un soldat.*) Camarade, laissez-moi passer.

LE SOLDAT.

On ne passe pas.

BABET.

Ah ! maintenant c'est au tour de Suzette.

MOUTONNET.

Oh ! dieu ! en dit-elle ! en dit-elle ! J'oserais jamais parler comme ça au Roi, de vive-voix, moi.

BABET.

Entendez-vous, entendez-vous les cris de vive le Roi. Je parie qu'il s'agit encore d'un nouveau bienfait.

ROBICHON.

Et je ne suis pas là !

L'ITALIEN, *à la fenêtre.*

Bravissimo !...

L'ALLEMAND, *de même.*

Bravò !...

L'ANGLAIS, *de même.*

Bravissimo !

BABET.

V'là le Roi. Vive le Roi !

TOUS.

Vive le Roi !
(*Les hommes élèvent leurs chapeaux, les femmes agitent leurs mouchoirs.*)

MOUTONNET.

V'là mon cousin Alexis qui revient avec Suzette.

SCÈNE XIV et dernière.

Les Précédens, ALEXIS, SUZETTE.

ROBICHON.

Mon cher fils... Tu as parlé au Roi... Il a parlé au Roi.

SUZETTE, *se jettant dans les bras de Dumont.*
Ah ! mon père, que je suis heureuse !

DUMONT.

Eh ben ! Alexis, que vous a dit notre bon Roi, conte nous donc cela.

MOUTONNET, *toujours sur l'arbre.*

Certainement, cousin, ça nous inquiète... pour ma part, je suis là comme l'oiseau sur la branche.

ALEXIS.

A peine si j'ose croire à tout mon bonheur. Ecoutez.

Air : *Heureux habitans.* (de Kettly.)

On attend le Roi,
Je cours où mon devoir m'appelle ;
De loin je le vois ;
Je mets Suzette auprès de moi.
Son trouble je croi,
A mes yeux la rendait plus belle ;
Un espoir flatteur

Déjà faisait battre mon cœur.
Un cri de bonheur
S'élance et l'écho le répète.
Le Roi s'avançait
Près de lui chacun s'empressait.
Enfin il passait,
Quand l'accent naïf de Suzette
Le frappe, il sourit
En voyant son air interdit.
Alors il lui dit :
Mon enfant, essuyez vos larmes,
Parlez et je veux
A l'instant combler tous vos vœux;
Faire des heureux
Pour mon cœur eut toujours des charmes :
Ne me cachez rien
Car je ne veux que votre bien.
Quel trouble est le mien !
Suzette a bien plus de courage,
Tout est raconté,
Le Roi connaît la vérité,
Et de sa bonté
Notre bonheur sera l'ouvrage.
Il n'a dit qu'un mot :
Unissez-vous, voici la dot.
Il s'éloigne alors;
Mais à sa personne chérie,
Nos communs efforts,
Toujours plus vifs, toujours plus forts,
Portent nos transports,
Car à l'envi chacun s'écrie,
Plein d'un doux émoi :
Vive à jamais, vive le Roi ! !

Ainsi, Suzette est à moi, n'est-il pas vrai, mon père ?

ROBICHON.

Je n'irai certainement pas contre la voulonté du Roi.

BABET.

Et moi je m'empare de Moutonnet.

ROBICHON.

Ah ! quant à ça nous verrons.

BABET.

C'est tout vu… Connaissez-vous sa signature. (*Elle lui montre la promesse.*)

MOUTONNET.

V'là l'grand mot lâché.

ROBICHON.

Ah ! petit libertin !

MOUTONNET.

Eh! ben, oui j'aime Babet, Babet m'aime, et je n'en aurai pas d'autre que Babet. (*A part.*) Puisque Suzette en épouse un autre.

DUMONT.

Allons, M. Robichon, un jour comme celui-ci ne doit voir que des heureux, et je crois remplir les intentions du Roi en vous priant de consentir à leur union.

ROBICHON.

Allons je me rends au nom du Roi. (*A part.*) avec ça qu'il sera majeur dans trois semaines.

DUMONT.

Puisque tout le monde est content, livrons-nous à la joie et n'oublions pas que notre bonheur est l'ouvrage du Roi.

TOUS.

Vive le Roi!

(*Nouveau coup de canon. La musique reprend dans la coulisse.*

CHOEUR.

Air: *de Robin des bois,*

Déjà du tambour
Le signal nous appelle, etc.

(*Le cortège qui est censé s'être arrêté, continue sa marche. Tout le monde court devant pour voir le Roi. On reprend le chœur de Robin des bois, dont l'air est exécuté par des instrumens à vent dans la coulisse.*

F I N.

www.ingramcontent.com/pod-product-compliance
Lightning Source LLC
Chambersburg PA
CBHW061704050726
47598CB00004B/1669